ALABANZA
¿MINISTERIO?

Caleb Rodríguez

No se permite la reproducción total o parcial de esta obra, ni su incorporación a un sistema informático, ni su transmisión en cualquier forma o por cualquier medio (electrónico, mecánico, fotocopia, grabación u otros) sin autorización previa y por escrito de los titulares del copyright. La infracción de dichos derechos puede constituir un delito contra la propiedad intelectual.

Número de registro: 03-2016-121413515100-01

Copyright © 2019 Caleb Rodríguez

All rights reserved.

ISBN: 9798666501917

Excelente trabajo y el enfoque ha bendecido mi vida... Dios le continúe inspirando sabiduría y guíe a su pueblo a alabarle con una vida íntegra, en obediencia y palabras de gratitud. Nuestra oración es que los músicos de las iglesias encuentren su propósito, cumplan el ministerio y comisión que les ha sido dada, haciendo uso de una de las herramientas más poderosas que Dios ha creado para lograrlo... la música, como de la predicación, redes sociales, etc.

Álvaro López

Contenido

Prólogo

El propósito de este libro no es atacar, mucho menos desvirtuar el trabajo que mucha gente hace en la iglesia, mi propósito al escribir estos 7 breves capítulos es abrirte los ojos a la realidad y retarte para hacer las cosas bien para Dios, con conocimiento, con excelencia. Que como un solo cuerpo busquemos agradarle, dejando a un lado la competencia, orgullo, el buscar ser superiores que otros, procurando la edificación de la iglesia para cumplir el ministerio que nos dejó Jesús a todos sus hijos.

Y Jesús se acercó y les habló diciendo: Toda potestad me es dada en el cielo y en la tierra. Por tanto, id, y haced discípulos a todas las naciones, bautizándolos en el nombre del Padre, y del Hijo, y del Espíritu Santo; enseñándoles que guarden todas las cosas que os he mandado; y he aquí yo estoy con vosotros todos los días, hasta el fin del mundo. Amén. Mateo 28:18-20.

Abordando temas que no se mencionan tan abiertamente en las iglesias. Tal vez algunos conceptos te parezcan equivocados porque no los has escuchado antes, siempre te han dicho lo contrario, no te detengas, sigue leyendo, mi propósito al escribir este libro es edificar, ayudar a corregir lo que hemos hecho mal por mucho tiempo, buscando la unidad en el cuerpo de Cristo y que cada uno cumpla con su función de acuerdo a las habilidades que Dios nos ha dado para cumplir Su propósito en nosotros y en Su iglesia. Antes de comenzar a leer, ora, pide a Dios que abra tu mente y corazón para ver el texto de este libro como algo positivo para tu vida, que lo que leas sea de bendición y edifique tu vida. No estoy escribiendo nada nuevo, todo lo que escribo en este libro está respaldado con la Biblia, la palabra de Dios que nos enseña a vivir una vida llena de bendición y nos enseña como tenemos que hacer las cosas para Dios. Todo ya está escrito ahí, en Su palabra.

Caleb Rodriguez.

Capítulo 1

¿Qué es la alabanza?

¿Por qué le damos tanta importancia a la música en la iglesia? ¿Es un ministerio?, ¿Es indispensable para alabar a Dios? Son preguntas que no nos hacemos o que ignoramos muchas veces, pero que pocos o nadie se atreve a contestarlas. ¿Será que se ha vuelto tan importante e indispensable en la iglesia para alabar a Dios, que no nos atrevemos a profundizar en el tema, mucho menos a cuestionarla?

La inquietud nace después de varios años de ver cómo se deteriora y cómo se hace mal uso de la música en la iglesia; algunas veces de forma deliberada, con el fin de sacar provecho de ella, y otras por falta de conocimiento. *"Porque nadie me ha dicho cómo se debe hacer" "Porque es lo único que sé hacer y lo quiero hacer para el Señor".*

Comencemos con algunas definiciones.

Alabanza: Una alabanza es el producto de enunciar afirmaciones positivas sobre una persona, objeto o idea, sea en privado o públicamente.

Ministerio: La palabra ministerio viene de la raíz griega DIAKONÍA. Esta tiene varias traducciones. Servicio, ayuda, socorro, ministerio, ministración y distribución.

¿Por qué cuando hablamos de "Ministerio de alabanza" se nos viene a la cabeza música? Simple, ¡porque así nos enseñaron!... Pero eso no quiere decir que sea lo correcto. Estamos haciendo las cosas mal, porque no estamos informados. Pensamos que le hacemos un favor a Dios porque vamos a ensayar 2 horas a la semana (si no es que menos), y llegamos 10 o 5 minutos antes a la reunión dominical para "servir" a Dios. Y con eso creemos que somos lo mejor que le pudo haber pasado al pastor y a la congregación donde asisto. ¡Qué mal estamos!

Y no conformes con eso, hacemos congresos de "Alabanza" masivos, donde nos enseñan a cantar y tocar de la forma correcta (como le agrada a Dios). Y nos dicen que tenemos que hacerlo bien, con excelencia, de corazón; pero no nos dicen que la alabanza no depende de la música.

Sí, podemos usar la música para cantar alabanzas, pero la música en sí misma no tiene ningún efecto espiritual sobre las personas, la música tiene un efecto emocional sobre las personas, que no tiene nada de malo cuando se usa de la manera correcta y con un propósito constructivo o positivo.

Veamos que significa alabanza en la Biblia. Encontramos 7 palabras en hebreo que se relacionan con alabanza, veamos su significado y saquemos conclusiones en base a lo que nos enseña la palabra de Dios.

Yadah (yaw-daw'): Es un verbo y significa, confesar, alabanza, dar gracias, confesar el nombre de Dios. Aparece 111 veces en la Biblia.

Towdah (to-daw'): Es un sustantivo y significa, confesión, alabanza, acción de gracias a Dios, acción de gracias en las canciones de adoración, himno de alabanza. Aparece 30 veces en la Biblia.

Halal (haw-lal'): Es un verbo y significa, alardear, ser jactancioso, presumir, digno de elogio, ser digno de alabanza. Aparece 140 veces en la Biblia.

Shabach (shaw-bakh'): Es un verbo y significa, aquietamiento para alabar, alabar, elogiar, felicitar, presumir. Aparece 11 veces en la Biblia.

Barak (baw-rak'): Es un verbo y significa, alabar, arrodillarse para bendecir, ser adorado. Aparece 289 veces en la Biblia.

Zamar (zaw-mar'): Es un verbo y significa, cantar alabanzas, cantar para tocar un instrumento musical. Aparece 41 veces en la Biblia.

Tehillah (teh-hil-law'): Es un sustantivo y significa, alabanza, canción o himno de alabanza, adoración, acción de gracias pagadas a Dios, acto de alabanza pública, alabanza exigida por las cualidades, hechos o atributos de Dios, objeto de alabanza, poseedor de renombre. Aparece 55 veces en la Biblia.

Bien, después de analizar estas palabras, podemos ver que la alabanza se puede expresar de muchas maneras, pero la esencia de la alabanza no es la música o la danza o el instrumento musical, es muy importante dejar claro que la música NO es alabanza.

Algunas de las palabras hebreas usadas para alabanza nos dicen que podemos usar música para alabar o que podemos cantar las alabanzas, pero se puede cantar sin música, ¿Lo has intentado? Parece ser que te cuesta un poco hacerlo sin música, ¿Por qué?, porque estamos tan acostumbrados a hacerlo con música que se nos hace raro hacerlo sin ella.

¿Qué pasa cuando llegas a la iglesia y no hay energía eléctrica?, muchas veces no hay alabanza, porque no sabemos hacerlo sin música, o nos escondemos con la frase: ¡a Dios lo mejor!... por eso tocamos todos los instrumentos que podemos cuando "alabamos". Eso no es lo mejor para Dios, Él nos enseña que es alabanza.

Así que, ofrezcamos siempre a Dios, por medio de él, sacrificio de alabanza, es decir, fruto de labios que confiesan su nombre (Hebreos 13:15).

Esa es la alabanza que le agrada a Dios. Y aún más, cuando Saúl desobedeció a Dios, el profeta Samuel nos muestra un aspecto del corazón de Dios.

Y Samuel dijo: ¿Se complace Jehová tanto en los holocaustos y víctimas, como en que se obedezca a las palabras de Jehová? Ciertamente el obedecer es mejor que los sacrificios, y el prestar atención que la grosura de los carneros (1 Samuel 15:22).

¿Piensas que le haces un favor a Dios tocando en la iglesia? Crees que con ensayar dos horas a la semana y tocar una el domingo ¿Estas invirtiendo tu vida al servicio de Dios? Claro que estás muy equivocado, hemos estado haciendo las cosas mal por demasiado tiempo, nadie se ha detenido a analizar esto, estamos muy desviados de lo que Dios quiere de su iglesia con relación a la alabanza.

Quiero dejar muy claro que no estoy en contra de que haya música en la iglesia, la Biblia no dice eso, al contrario, dice que podemos alabar a Dios con música o sin ella, en cualquier lugar, en cualquier situación, claro que se puede.

Alabad a Dios en su santuario; Alabadle en la magnificencia de su firmamento. Alabadle por sus proezas; Alabadle conforme a la muchedumbre de su grandeza. Alabadle a son de bocina; Alabadle con salterio y arpa. Alabadle con pandero y danza; Alabadle con cuerdas y flautas. Alabadle con címbalos resonantes; Alabadle con címbalos de júbilo. Todo lo que respira alabe a JAH. Aleluya (Salmo 150).

Pero recuerda que alabanza es fruto de labios que confiesan su nombre y que la obediencia es mejor que los sacrificios. Tengamos muy presente esto para no desviarnos de lo que realmente es la alabanza a Dios y lo que realmente le agrada a Dios.

La alabanza es un requisito de un hijo de Dios, no puedes decir que eres hijo de Dios y no alabarle, no se puede, es parte de tu ADN espiritual, es simple, si eres hijo de Dios, lo alabas, ¿Por qué?, ¡porque sí! Es una necesidad, si no encuentras un motivo para alabar a Dios cada día, estas en problemas, recuerda que la alabanza es: Acción de gracias, y para eso no necesitas la música, no necesitas esperar hasta el domingo o hasta la próxima reunión para expresar tu alabanza a Dios, puedes hacerlo ahora mismo, sin música, solo. También puedes alabar a Dios en privado, la alabanza no está reservada para hacerlo solamente en la iglesia.

Me parece que ha quedado muy claro que la alabanza no tiene nada que ver con la música, repito, si podemos usar la música para hacerlo, pero no es indispensable. Podemos alabar a Dios de muchas maneras y por muchísimas razones.

Analiza tu vida, si te está costando alabar a Dios porque no encuentras motivos para hacerlo, pide ayuda, abre tus ojos a la realidad y cambiemos lo que hemos estado haciendo mal desde hace mucho tiempo.

Si eres director de "alabanza", tocas algún instrumento o cantas en el coro de la iglesia, pregúntate esto: ¿Realmente estoy sirviendo a Dios con lo que hago?

¿Ministerio de alabanza?

¿Realmente estoy sirviendo a Dios con lo que hago?, o solo lo hago porque me gusta, y si no puedo hacerlo en la iglesia donde estoy, pues me busco otra donde si aprovechen "mis" talentos y habilidades. No estoy diciendo que esté mal que te guste lo que haces, sino que está mal que solo por gusto hagas las cosas, sin un propósito.

Este punto es muy importante y delicado. La Biblia nos enseña que tenemos que servir a Dios; poner a su servicio las habilidades que Él nos ha dado. Dios nos capacita para la tarea que tenemos que hacer para Él, no nos va a demandar más de lo que podamos dar, sería injusto y Dios es un juez justo.

Si Dios me dio la habilidad para tocar un instrumento musical o cantar, pues lo uso para Él. ¿De qué forma? Hay muchas maneras, no solamente tocar en la iglesia; puedo ser el mejor en el instrumento que se ejecutar y dar clínicas musicales y poner el nombre de Dios delante de lo que hago, cada que me inviten a tocar porque (me consideran bueno en el aspecto musical), poner el nombre de Dios en alto y decir: *"Soy hijo de Dios, Él me dio esta habilidad"*. ¿Porque no?, estamos dando la gloria a Dios de esa manera y cumpliendo la tarea que él nos encomendó a TODOS sus hijos. Si yo puedo hacer que la gente vea a Dios en lo que hago y digo, estoy predicando de Él, y eso le agrada más a Dios que lo que pueda hacer con un instrumento musical en la iglesia.

Retomemos el significado de las palabras: Ministerio y Alabanza. Ministerio es servicio y Alabanza es enunciar afirmaciones positivas. Entonces, los que tocamos o cantamos en la iglesia pertenecemos: *Al servicio de enunciar afirmaciones positivas a Dios*. ¿No deberíamos hacer eso todos los hijos de Dios? ¿Todo el tiempo? Como dice Hebreos 13:15 *Así que, ofrezcamos siempre a Dios...* Siempre, todo el tiempo, quiere decir, que no dependo de un instrumento para hacerlo.

El problema está, en que pensamos que tocar un instrumento o cantar en la iglesia es suficiente para decir que servimos a Dios y usamos el título de "Ministerio" cuando no lo es, insisto, no estoy diciendo que este mal tocar o cantar en la iglesia, lo que estoy diciendo es que no es un ministerio para Dios. No podemos ver el alabar a Dios como un servicio, tenemos que verlo como un privilegio, el poder decir: *Puedo alabar a Dios porque soy Su hijo, ha hecho tantas cosas en mi vida, que no puedo dejar de hablar bien de Él.*

Efesios 4 nos enseña cómo debe funcionar la iglesia, sus miembros y el liderazgo, y cuáles son los ministerios que instituyó Cristo cuando ascendió. El versículo 11 menciona los ministerios que instituyó, y en el versículo 12 nos dice con qué propósito instituyó esos ministerios.

A fin de perfeccionar a los santos para la obra del ministerio, para la edificación del cuerpo de Cristo.

Estos ministerios son para preparar al cuerpo de Cristo para la obra del ministerio, ¿Cuál ministerio?, compartir el mensaje de salvación a otros. No menciona el "ministerio" de alabanza ni el "ministerio" de pandero y danza o el "ministerio" de liberación, porque no son necesarios para la edificación del cuerpo de

Cristo, que tienen el propósito de preparar al cuerpo. La música, la danza entre otras cosas que llamamos "ministerios" no tienen el propósito de preparar al cuerpo de Cristo, al contrario, nos hemos encontrado con que han causado divisiones, malos entendidos, discusiones, competencia entre iglesias y hermanos, por una razón muy simple, le damos más importancia de la que merece, muchas veces, la hemos puesto antes que enseñar la palabra de Dios dentro y fuera de la iglesia.

Hemos permitido que el mundo nos diga cómo tenemos que predicarle y dejamos a un lado lo que nos enseña la Biblia acerca de compartir el mensaje de salvación.

Nos desbaratamos por encontrar el método o la forma adecuada para que el mundo nos escuche, cuando lo tenemos en la Biblia.

Y Jesús se acercó y les habló diciendo: *Toda potestad me es dada en el cielo y en la tierra. Por tanto, id, y haced discípulos a todas las naciones, bautizándolos en el nombre del Padre, y del Hijo, y del Espíritu Santo; <u>enseñándoles que guarden todas las cosas que os he</u>*

mandado; _y he aquí yo estoy con vosotros todos los días, hasta el fin del mundo. Amén. (Mateo 28:18-20)._

Esa es la esencia de los ministerios que estableció Cristo, eso edifica al cuerpo, eso es la verdad. El hacer mega conciertos no ha funcionado para compartir el mensaje de salvación, está comprobado. Pregúntale a algunas de las personas que están en tu iglesia: ¿Qué fue lo que los motivó a aceptar asistir a la iglesia? La respuesta de muchos es: _La música me encantó._ Y entonces, ¿cuándo tomaron la decisión de aceptar a Jesús como su salvador?, ¿Quién se ha acercado a ellos para discipularles y enseñarles la palabra de Dios? Entonces, ¿por qué es que tienen más de 20 años de "cristianos" y no salen de la misma silla a la que llegaron? ¿Por qué no crecen? Porque les encanta la música de la iglesia, y la música no prepara al cuerpo de Cristo, la música no discípula a las personas, la música no es un ministerio.

¿Qué estás haciendo para servir a Dios? Si solo tocas o cantas en la iglesia, no estás haciendo nada para Él. ¿Qué esperas para realmente hacer algo para Dios? Prepárate, empieza a estudiar la Biblia, discipula a la gente que está empezando en su caminar con Cristo, deja de hacer solo lo que te gusta.

La música no es mala para la iglesia, pero, no le demos un lugar que no se merece. Sí, es hermosa, es una herramienta muy útil, pero no es un ministerio.

Empieza a servir a Dios, predícale a las personas con las que interactúas, deja de decirles que eres músico en la iglesia en la que asistes y diles que eres un hijo de Dios y que sabes que es lo que necesitan para dejar de ser infelices en la vida, deja de compartir la música de tu cantante cristiano favorito. Comparte a Jesús.

Capítulo 3

La música no es alabanza

Si bien hemos dejado claro que la música no es indispensable para alabar a Dios, también hemos visto que no es mala, es más, hemos visto que la Biblia nos enseña que podemos alabar con música.

No, la música no es un ministerio. Si, podemos cantar nuestras alabanzas a Dios y usar la música, un lenguaje hermoso que es capaz de mover nuestras emociones y llevarnos de una profunda tristeza a una inmensa alegría en cuestión de minutos. Por eso es muy importante tener cuidado con lo que tocamos y con qué propósito lo tocamos en la iglesia.

Con el paso del tiempo nos hemos dado cuenta de que la música juega un papel muy importante dentro de la liturgia cristiana, tan así, que tenemos personas dedicadas específicamente al "ministerio de alabanza". Nos han enseñado que tocar en la iglesia para Dios es un puesto de mucho valor e importancia, hasta nos han puesto el título de "Levitas".

Los levitas fueron consagrados por Dios, por medio de Moisés, para el servicio del Tabernáculo y luego del Templo de Jerusalén. Eran los únicos designados para el servicio del Tabernáculo donde ejercían ministerio desde los veinticinco hasta los cincuenta años. En otra edad no podían hacerlo, excepto para ser guardia junto a sus hermanos. Los levitas eran los ayudantes de los sacerdotes, y desempeñaban funciones muy distintas a las que desempeñan los músicos hoy en día en las iglesias.

¿Te has dado cuenta que cuando tocamos una canción rápida, la gente se emociona y empieza a bailar (bueno danzar) y a gritar de alegría, aplauden y se mueven al ritmo de la música, y que cuando tocamos una balada, una melodía melancólica en el piano, la gente empieza a llorar y caen sobre sus rodillas postrados en "adoración"? Pues bien, cuando la gente lo hace de corazón, no tiene nada de malo, pero cuando lo hacen siendo impulsados por sus emociones, no edifica en nada, no es genuino.

La música nos mueve el alma, las emociones y es una buena herramienta si se usa correctamente, pero también es un arma muy peligrosa cuando la usamos para manipular las emociones de la gente.

La congregación no se da cuenta de eso muchas veces o nunca, pero, podemos enseñarle como alabar a Dios con todo su ser sin dejarse llevar por la emoción, en orden, con entendimiento.

Porque si yo oro en lengua desconocida, mi espíritu ora, pero mi entendimiento queda sin fruto. ¿Qué, pues? Oraré con el espíritu, pero oraré también con el entendimiento; cantaré con el espíritu, pero cantaré también con el entendimiento. Porque si bendices sólo con el espíritu, el que ocupa lugar de simple oyente, ¿cómo dirá el Amén a tu acción de gracias? pues no sabe lo que has dicho. Porque tú, a la verdad, bien das gracias; pero el otro no es edificado. (1 Corintios 14:14-17).

¿Muy simple no? La Biblia es muy práctica, si no edificas al que está de oyente, ¿de qué sirve? Entonces, tenemos que estar atentos a lo que estamos haciendo y no dejarnos llevar por nuestras emociones, tenemos que tener auto-control y cantar las alabanzas a Dios entendiendo lo que estoy diciendo y no dejarme llevar por el ritmo de la música o por el solo de sax que hace que llore de la emoción.

Enseñemos a la congregación a alabar a Dios con todo su ser.

Alegraos, oh justos, en Jehová; En los íntegros es hermosa la alabanza. Aclamad a Jehová con arpa; Cantadle con salterio y decacordio. Cantadle cántico nuevo; Hacedlo bien, tañendo con júbilo (Salmo 33:1-3).

Integridad se traduce como: *honrado, honesto, respeto por los demás, directo, apropiado, responsable, control emocional, respeto por sí mismo, puntualidad, lealtad, pulcro, disciplinado y firmeza en sus acciones. Es hacer lo correcto, por las razones correctas, del modo correcto.*

Mi traducción sería: *Integridad = Cristiano.* Tenemos que ser íntegros para que la alabanza a nuestro Dios sea hermosa. Decimos que lo mejor para Dios, ¿no?

En el versículo 3 de ese mismo Salmo nos dice que tenemos que hacerlo bien tañendo (tocando) ¡con júbilo! La Biblia no se detiene en "alaben a Dios con música", nos dice que tenemos que hacerlo bien. No solo es medio tocar las canciones el domingo, tenemos que prepararnos para no ser un estorbo en la alabanza de la congregación para Dios. Quiero decir, que tenemos que prepararnos en 2 aspectos en lo que se refiere a lo musical.

1. Ensayo personal.

2. Ensayo grupal. (Ensamble musical)

El prepararnos en estas dos áreas, que van de la mano desde luego, nos ayudará para que la alabanza sea agradable delante de Dios (obviamente procurando ser íntegros). Si tú preparas la parte musical previamente al servicio dominical de tu iglesia, la alabanza será mejor, no tocarás acordes fuera de lugar, no te preocuparás por cómo va la canción, la alabanza será más fluida, más agradable. Olvídate del solo de guitarra que va en el puente de la canción, recuerda que no es un concierto, es la alabanza de los hijos al Padre, no necesitamos estorbar esa alabanza con un solo de guitarra, la guitarra no alaba, tu solo no alaba a Dios. Pero, tú sí puedes alabar a Dios cantando también.

El ejecutar un instrumento durante el tiempo de alabanza no te hace partícipe de la alabanza (recuerda, la música no es alabanza). Sé parte del tiempo de alabanza en tu congregación, olvídate del aspecto musical, para eso ya ensayaste (porque sí ensayaste ¿verdad?), y si no ensayaste, por el amor de Dios, ¡no toques!, no estorbes el tiempo de alabanza.

Ensaya en tu casa, apréndete las canciones, si es necesario, toma notas, para que cuando ensayes con tus compañeros, el ensayo sea tan fluido, que pueda convertirse en un tiempo de alabanza a Dios del grupo. No desperdicies el tiempo de los demás, mucho menos eches a perder el tiempo de alabanza de la próxima reunión. Puede ser poco tiempo, pero, será hermoso y productivo si lo hacemos bien como lo dice el Salmo 33:3.

Simplifica las cosas, recuerda que no es un

concierto, cuando estés en uno, derrocha talento y toca todos los solos que te sepas y cuando termines, dile a la gente que es el talento que Dios te dio. Pero mientras sea el tiempo de alabanza en la congregación, deja que Dios sea el protagonista, olvídate de los solos, disfruta y participa de la alabanza que le ofrecemos a Dios como congregación.

Capítulo 4

Pastor

vs

Director de alabanza

Se han hecho comunes las divisiones de iglesias. Existen muchas razones y circunstancias que han dado pie a esas divisiones, pero una de las más frecuentes, es: Porque el líder de alabanza no está de acuerdo con el pastor en algún punto, o el director de alabanza quiere más atención de la que recibe.

Desde el principio de los tiempos vemos este cuadro. Satanás quería y quiere la adoración que le pertenece a Dios. Y a causa de su rebelión hacia Dios se produjo una división *(mira, igual que hoy en día con los directores de alabanza y pastores)*.

El tema es muy delicado pero muy importante de tratar. Los músicos tendemos a perder el piso de vez en cuando, nos dejamos llevar por los elogios de la congregación. *Qué bonita le salió la alabanza hoy. Ese talento que le dio el Señor cada día es mejor. Qué hermoso se escuchó el coro hoy. Qué bonito alabas a Dios cuando tocas tu instrumento.* ¿Te suenan algunas?

Estamos expuestos a esos elogios porque no le hemos enseñado a la congregación que la música no es alabanza. La mayoría de la gente piensa que alabanza es cantar los domingos y escuchar un concierto de solos durante un par de horas. Entonces mientras más le guste a la gente lo que tocas, más te elogiará y Dios no se llevará la gloria mucho menos la alabanza. Y es ahí cuando empezamos a perder el piso y nos dejamos llevar por lo que la congregación nos dice, y nos empezamos a sentir importantes e indispensables para la iglesia. Empezamos a pensar que el pastor depende de nosotros, que sin nosotros no funcionaría la iglesia, que la congregación y el pastor nos necesitan para poder alabar a Dios y perdemos el propósito y la visión que teníamos cuando llegamos a esa congregación.

Recuerdo las palabras de un amigo, cada que terminábamos de tocar en el tiempo de alabanza, él decía: *Bien hecho, inútil*. Las primeras veces me sentí ofendido, pero al pasar del tiempo fui entendiendo el significado de esa frase, me hacía mantener los pies en el piso. Él decía que yo tocaba bien pero que no perdiera el piso, no estaba haciendo nada extraordinario para Dios.

Así también vosotros, cuando hayáis hecho todo lo que os ha sido ordenado, decid: Siervos inútiles somos, pues lo que debíamos hacer, hicimos. (Lucas 17:10).

Mi padre era el pastor en la iglesia donde yo tocaba en ese entonces, al final de cada reunión le preguntaba, ¿qué le había parecido el tiempo de alabanza? Con una sonrisa me contestaba con un pregunta. *¿Lo puedes hacer mejor?*

Al igual que la frase de mi amigo me molestaba al principio, pero con el tiempo fui entendiendo que esas frases y preguntas no eran para ofenderme o menospreciar lo que hacía, sino para ayudarme a mantener los pies en la tierra y hacerlo mejor cada día, con el único propósito de agradar a Dios y ser ayuda en lugar de estorbo en la alabanza de la congregación.

Tenemos que tener presente que la cabeza de la congregación es el pastor (después de

Cristo), es él quien toma las decisiones, es a él a quien Dios puso para liderar esa congregación, y si tú estás en esa congregación es porque tú decidiste estar, nadie te puso una pistola en la espalda para que asistieras, y si no estás de acuerdo en cómo hace las cosas el pastor, puedes irte cuando quieras, por tu bien y por el bien de la iglesia. Si decides que-darte, tienes que sujetarte y seguir la visión que Dios le dio al pastor.

Te pongo un ejemplo para saber si estás sujeto a la visión de tu pastor en la congregación donde asistes y participas. Si el pastor te pide que toques o cantes la misma canción cada domingo durante todo el año, tienes que hacerlo, porque esa es la visión del pastor. Si el pastor te pide que le bajes al nivel de la música, baja el nivel de la música, porque esa es la visión del pastor para esa congregación. Hasta ese grado tiene que ser tu compromiso con la visión del pastor. Tu deber como siervo es, apoyar y aportar a la visión del pastor, no llegar y hacer lo que mejor te parece y tomar decisiones que no te corresponden, para tomar las decisiones está el pastor, tu función como músico es, apoyar esa visión con la mejor actitud y con la mirada puesta en Cristo.

Deja de pensar que la iglesia no funcionaría sin ti. Deja de pensar que eres indispensable para la alabanza de la iglesia. Cambiemos nuestra mentalidad y pongamos los pies en la tierra, hagamos las cosas pensando en agradar a Dios y en servir a los demás. Deja de pensar que eres igual o más importante que el pastor, apoya su visión. Deja de echar a perder la alabanza en la iglesia, aprovecha el poco tiempo que pasamos como congregación alabando a Dios, sé de bendición en lugar de ser estorbo.

Mantén una comunicación estrecha con tu pastor, eso te ayudara a saber cuál es la visión para la congregación y podrás aportar a esa visión. Recuerda cuál es tu función como director de alabanza, no es pastorear a la congregación, es dirigir a la congregación en la alabanza que le ofrecemos a Dios, poner orden y que como un solo cuerpo alabemos a nuestro Dios, con entendimiento y en armonía.

Capítulo 5

¿Realmente estoy alabando a Dios?

Este es otro punto que hemos descuidado mucho en el tiempo de alabanza de las iglesias. Hemos puesto antes que alabar, el ritmo, la melodía, la armonía, incluso hasta que está de moda, y si no tocamos la nueva canción del último CD de nuestro artista favorito no estamos "en el mover del Espíritu", o el nuevo arreglo de la canción que salió hace 20 años, que está ¡buenísimo!, le cambiaron 3 acordes, el ritmo y además la tocan más rápida.

Seamos honestos, muchas de las canciones que usamos no son alabanza a Dios, no estoy hablando del hecho de que no mencionan a Dios, sino, que realmente la letra no alaba a Dios, las cantamos porque la melodía o el ritmo son muy pegajosos, o porque es nueva y tenemos que cantarla antes que todos para que vean que somos buenos músicos, para estar en el ambiente y no ser anticuados y aburridos tocando las mismas cada domingo.

Hay muchos puntos a analizar en este tema, el que quiero tratar es el contenido de la letra de lo que cantamos como "alabanzas" a Dios. No todo lo que cantamos en la iglesia es alabanza, y no quiere decir que sea malo, pero sí tenemos que saber lo que estamos haciendo, recuerda.

Cantaré con el espíritu, pero cantaré también con el entendimiento.

Algunas de las canciones que usamos en la iglesia nos ayudan a preparar a la congregación para escuchar la palabra de Dios, también nos ayudan a preparar a la congregación para alabar a Dios. Muchas veces las personas que asisten a la iglesia, llevan un montón de problemas y distracciones que les impiden concentrarse para alabar a Dios y para escuchar la predicación, entonces, tenemos que ayudarles, es parte de tu función como director de alabanza o como músico.

Es en esas situaciones donde usamos las canciones que hablan de arrepentimiento, de necesidad de Dios, de presentarse delante de Dios, de ayudar a la congregación a desconectarse del mundo y de las actividades diarias y conectarse con Dios de una manera personal, íntima. Y una vez que están realmente desconectados de la rutina diaria y conectados con Dios, es cuando podemos empezar a alabar con todo nuestro ser, sabiendo lo que estamos haciendo y para quién lo estamos haciendo. Entonces, sí podemos usar esas canciones que nos ayudan a preparar a la congregación, pero eso no es alabanza.

Piensa en las canciones que cantaste la reunión pasada en la iglesia. ¿Cuántas de esas canciones, realmente son de alabanza a Dios? De la media hora, una hora o dos horas que cantas en la iglesia cada reunión, ¿Cuánto de ese tiempo estas alabando a Dios? Si es necesario preparar a la congregación, pero también es necesario que como congregación alabemos a Dios. ¿Cómo saber que canciones alaban a Dios?, fácil, regresemos a Hebreos 13:15.

Así que, ofrezcamos siempre a Dios, por medio de él, sacrificio de alabanza, es decir, fruto de labios que confiesan su nombre.

La alabanza confiesa el nombre de Dios, es fruto de labios, entonces es audible, no puedes alabar a Dios en silencio. *Es que Dios me conoce, lo que importa es el corazón.* Sí, lo que le importa a Dios es tu corazón, pero el corazón no habla.

Porque de la abundancia del corazón habla la boca (Mateo 12:34b).

Si estás agradecido con Dios, lo alabas. Si sabes quién es Dios en tu vida, lo alabas. No se puede alabar a Dios en silencio, tu alabanza hacia él tiene que ser audible, sincera, de corazón, con entendimiento.

Analiza lo que estás cantando en tu iglesia, enseña a la congregación qué es la alabanza para que pueda hacerlo bien, no importa si son las mismas canciones cada reunión, si confiesan el nombre de Dios, si realmente lo alaban, eso es agradable para Dios y entonces Él esta ahí en medio de la alabanza que le ofrece Su iglesia, lo disfruta, Su presencia se mueve en medio de Su pueblo que lo alaba de corazón, con pasión, sin distracciones.

Pero tú eres santo, Tú que habitas entre las alabanzas de Israel (Salmo 22:3).

Dejemos de usar canciones que no edifican al cuerpo de Cristo, que no alaban a Dios, no te dejes llevar por tus emociones, por la competencia, porque el ritmo o la melodía son pegajosos. Eso no es alabanza a Dios.

Regresemos a lo básico, a lo que Cristo estableció.

Y perseverando unánimes cada día en el templo, y partiendo el pan en las casas, comían juntos con alegría y sencillez de corazón, alabando a Dios, y teniendo favor con todo el pueblo. Y el Señor añadía cada día a la iglesia los que habían de ser salvos (Hechos 2:46-47).

Ese es el ejemplo que tenemos en la Biblia, es como vivían los primeros cristianos, su prioridad era agradar a Dios, cumplir los mandamientos de Cristo, no tener el grupo de alabanza más grande, no saber las canciones más nuevas y los arreglos más difíciles, no agradar al hombre, sino agradar a Dios. Y entonces Él añadirá a Su iglesia cada día los que han de ser salvos.

Enseñemos a la congregación a alabar a Dios, a realmente alabar a Dios, no a cantar sus canciones favoritas, sino a confesar el nombre de Dios por agradecimiento, porque dio a Su único hijo para salvarnos, porque en su misericordia tenemos vida eterna, por todas sus bondades, por la simple razón de que Él es Dios!

Olvídate del ritmo o del arreglo musical, dale prioridad al contenido de la letra, busca canciones que alaben a Dios, que exalten Su nombre, Sus atributos, Su esencia.

Capítulo 6

Detalles técnicos

Si hemos decidido usar la música en la iglesia para alabar a Dios, entonces, hagamos las cosas bien, con excelencia, que sea de ayuda y no un estorbo.

Cuando menciono la palabra excelencia, no estoy diciendo que tenemos que ejecutar a la perfección el instrumento que tocamos o que nuestra voz tiene que estar perfectamente afinada, eso no es excelencia para Dios. Ya mencionamos anteriormente que lo que le importa a Dios es el corazón, y vemos también en la Biblia que Dios nos capacita de diferente manera a cada uno. Él nos da habilidades diferentes. Pero, ¿cómo, si Dios no hace acepción de personas?, así es, Dios no hace acepción de personas, pero, él sabe qué es lo mejor para cada uno de nosotros, Él te va a usar de la manera que a Él le parezca mejor usarte, porque Dios nos conoce, él sabe cuáles son nuestras capacidades y limites, entonces, Dios te va pedir cuentas de las habilidades con las que te dotó.

Porque el reino de los cielos es como un hombre que yéndose lejos, llamó a sus siervos y les entregó sus bienes. A uno dio cinco talentos, y a otro dos, y a otro uno, a cada uno conforme a su capacidad... (Mateo 25:14-15).

¿Qué quiero decir con todo esto? Que no te metas en problemas con canciones, arreglos, ritmos o tonalidades que están fuera de tus capacidades. Existen muchas canciones que no se pueden tocar en las iglesias, porque la tonalidad es muy alta para la congregación o porque no cuentas con los recursos (músicos suficientes) para tocarla o porque la música es muy compleja. Si en algún momento se te presenta una canción así, puedes solucionarlo de dos maneras:

1. Adapta la canción a la tonalidad que puedes cantarla y haz un arreglo que vaya acorde con los músicos con los que cuentas para tocarla.

2. No la toques.

Si cuentas con los recursos, adelante, no hay por qué detenerse, siempre y cuando estés alabando a Dios. Pero, si no cuentas con los recursos necesarios para hacerlo, no te metas en problemas y busca canciones de acuerdo a tus capacidades y recursos músicales, o puedes escribir y componer tus propias canciones de alabanza para que la congregación las cante.

Entonces, excelencia no es tocar o cantar perfecto, excelencia es, dar el 100% de las capacidades que me dio Dios, si no estoy dando el 100% cualquiera que sea mi nivel como músico, no estoy dando excelencia a Dios. Simplifica las cosas para que la congregación pueda alabar a Dios con libertad, modera tus niveles, recuerda que es más importante la letra de la canción que la música, entonces deja que la gente entienda lo que estas cantando para que ellos puedan cantar también.

Aprovecha los recursos que nos da la tecnología, puedes poner las letras de las canciones para que la gente participe más en la alabanza y no sea como un concierto y tengas a la congregación como espectador solamente. Parte de tu función como director de alabanza y como músico es que la gente participe en la alabanza. Si solamente te toca ejecutar algún instrumento en el grupo de alabanza, canta!, participa de la alabanza junto con la congregación, sé parte de ese momento, también eres hijo de Dios y necesitas alabarle al igual que todos, no solamente tocar tu instrumento.

Si simplificas las cosas en los ensayos, eso te librara de la presión musical al momento de ejecutar y podrás alabar junto con la congregación. Pero si te empeñas en tocar la canción más complicada con todos los arreglos y solos posibles, estarás más concentrado en ejecutar sin equivocarte que en alabar a Dios.

Ensaya las canciones hasta que te salgan, y una vez que te salgan, puedes cantarlas con la congregación. No ensayes para medio tocar las canciones, para salir el domingo nada más, prepara bien lo que vas a tocar para que sea excelente y así evitar las distracciones y errores musicales en la alabanza. No importa si te lleva más de un ensayo preparar una canción, no la toques si no está lista. Si no puedes saber cuándo está lista, pregunta, acércate a alguien que pueda ayudarte, haz a un lado el orgullo y pide ayuda a otros, no te estanques por orgullo, porque ese es un problema muy común entre músicos. Si no sabes, investiga, pregunta, sé humilde y reconoce que necesitas ayuda, todos la necesitamos.

Aprende a delegar, si eres el director de alabanza, eso no quiere decir que tienes que hacer todo, o estar al pendiente de todo. Si tu función es dirigir a la congregación en la alabanza, delega a alguien la dirección musical, identifica a la persona adecuada para eso, así tú te concentrarás en lo que tienes qué hacer, tu comunicación con los músicos será a través del director musical, no con cada músico. Esto no es indispensable, tal vez no necesites un director musical, pero si la situación lo requiere, aprende a delegar, aprende a trabajar en equipo.

El líder de alabanza

Liderazgo, el mundo lo define así: *El liderazgo es el conjunto de habilidades gerenciales o directivas que un individuo tiene para influir en la forma de ser de las personas o en un grupo de personas determinado, haciendo que este equipo trabaje con entusiasmo, en el logro de metas y objetivos.*

La Biblia lo define así.

Entonces Jesús, llamándolos, dijo: Sabéis que los gobernantes de las naciones se enseñorean de ellas, y los que son grandes ejercen sobre ellas potestad. Mas entre vosotros no será así, sino que el que quiera hacerse grande entre vosotros será vuestro servidor, y <u>el que quiera ser el primero entre vosotros será vuestro siervo; como el Hijo del Hombre</u> no vino para ser servido, sino para servir, y para dar su vida en rescate por muchos.

Si quieres ser un buen líder, tienes que servir, seguir el ejemplo de Jesús. Es fácil dar órdenes y ver cómo las cumplen las personas que están a nuestro cargo, la Biblia no nos enseña eso, Jesús dejó muy claro cómo tiene que ser la actitud y las funciones del líder.

El líder es el primero que hace, es el primero que esta, el primero que mete las manos. Es muy común en los músicos de las iglesias llegar tarde, llegar al ensayo general sin haber ensayado previamente en casa, llegar sin haber escuchado la canción o canciones para ensayar.

La culpa no es totalmente de ellos, esto se debe también a que no tienen un buen ejemplo a seguir, no hay nadie con la autoridad moral para exigir puntualidad y compromiso, el líder se ha dedicado más a dar órdenes que a ser un ejemplo para los demás músicos.

¿Cuántas de las instrucciones que les das a los músicos las realizas tú como líder? (Ser puntual, limpiar tu instrumento, afinarlo, ensayar en casa, etc.). Tú como líder, tienes que ser el primero en llegar al ensayo y a la reunión, tienes que saber las canciones antes que todos para poder trabajar con los músicos en el ensayo, procura aprenderte las letras de las canciones, limpia tu área de trabajo, mantén en óptimas condiciones el equipo que usas (cables, micrófonos, bocinas, etc.). Si no sabes hacerlo, llévalos a mantenimiento regularmente, no hay excusas, hoy en día existen muchos recursos para lograr tener el equipo funcionando en óptimas condiciones.

Como líder, también necesitas tener una relación estrecha con tu pastor, recuerda que tienes que apoyar la visión del pastor, aportar y ser de bendición y no un estorbo. Muchas veces no estarás de acuerdo en cómo hace las cosas el pastor, la solución es simple, habla con él, tal vez tu idea es mejor, pero él no lo sabe, y si no se lo dices el seguirá haciendo las cosas como el piensa que son mejor. Si no apoya tu idea, no tomes mala actitud, recuerda que tu función es servir y que él es quien toma las decisiones no tú. Mantén mucha comunicación y sé fiel con los recursos que tienes (humanos y materiales). No te quejes porque te faltan cables o alguien para que toque la guitarra, en lugar de quejarte, dile las necesidades y las inquietudes que tienes, es lo más sano para la iglesia y para tu relación con el pastor, muchas veces el desconoce las necesidades o problemas que hay en el grupo de alabanza, porque te delegó la responsabilidad a ti, él está al pendiente de otras necesidades porque confía en ti, no esperes que te lea la mente para saber qué necesitas. Todas estas cosas te ayudarán a hacer las cosas bien y a crecer y ser ejemplo para las personas que están bajo tu responsabilidad.

Lo más importante de todo, ten una relación íntima con Dios. Tú no puedes ver el corazón de las personas, no sabes con que problemas van a la iglesia tratando de buscar refugio y paz, pero Dios sí. Él te puede dar discernimiento para saber qué cantar, cómo empezar la reunión, qué decirle a la congregación.

No repitas las frases que escuchaste en el CD de donde sacaste la canción, pide a Dios sabiduría para poder conectar a la gente con Él, eso es más importante que la música. Si no estás logrando que la gente alabe a Dios, aunque estés tocando como el mejor músico, no estás cumpliendo tu función.

Sí, la música tiene que salir bien, las voces tienen que estar afinadas, el audio tiene que estar calibrado, pero eso no es la prioridad, tu prioridad es que la congregación pueda alabar a Dios de corazón, sin distracciones, con sinceridad, conectarse con Dios, Él es el único que puede ayudarles en cualquier situación que se encuentren, no tu música, no tus acordes, solo Dios.

Recuerda que estás en la iglesia para servir, no para que te sirvan. Sé ejemplo en todo, si quieres puntualidad en los músicos, sé puntual, si quieres que sean productivos en el ensayo, prepárate antes, que vean como se hacen las cosas con tu ejemplo no con tus palabras solamente, si quieres que la congregación alabe a Dios, alaba a Dios tu primero.

He escuchado muchas veces de muchos líderes de alabanza quejas sobre cómo la gente no alaba en sus iglesias, frases como: *Es que la gente es muy aguada, no quieren ni cantar ni aplaudir mucho menos levantar las manos, tienes que rogarles para que partic001ipen.* ¿Qué está viendo la gente como ejemplo?, ¿Estás enseñando a la congregación a alabar?, ¿O a escuchar un concierto cada reunión? La congregación no es culpable, tienes que enseñarle a alabar, es tu trabajo como líder de alabanza.

Capítulo 8

Conclusión

Espero que estos capítulos hayan abierto tu mente y tus ojos a la realidad, que sean de bendición y ayuda para tu vida y que empecemos a hacer las cosas bien. Cambiemos todo lo que hemos estado haciendo mal con la alabanza en la iglesia, preparémonos y enseñemos a la congregación a alabar a Dios con entendimiento y de corazón.

Pongamos en primer lugar a Dios, Su palabra, no la música, no los músicos, que sea Dios el motivo y el centro de todo. El cambio tiene que empezar desde adentro de la iglesia, no esperemos a que llegue por fuera con ideas y formas que el mundo nos dicta. No permitas que el mundo te de la pauta para hacer las cosas. Que sea la palabra de Dios la que marque la pauta y la forma de hacer las cosas para Dios.

Motiva a los demás a hacer las cosas con excelencia para Dios dando el 100% de lo que sabes, dando todo para Dios. Esfuérzate por mejorar y superarte cada día, rodeate de gente que te ayude a crecer y dar lo mejor de ti.

Esfuérzate por agradar a Dios en todo lo que haces, aprende a alabarlo con o sin música, en privado o en público, en las buenas y en las malas, Él sigue siendo Dios todo el tiempo, no cambia y sigue siendo digno de ser alabado.

Procura ser de bendición para la iglesia donde asistes y sirves y que tu función en la iglesia sea para edificar y preparar el cuerpo de Cristo, se un apoyo en la visión de tu pastor, y sobre todo procura tener una relación estrecha con Dios y *busca agradarle en todo*, esto es adoración.

Adorar significa 'amar al extremo'. La adoración se puede entender como una actividad y como un estilo de vida. En la Biblia, la palabra «adorar» quiere decir 'actuar piadosamente hacia alguien o algo' (eusebeo) o 'hacer reverencia, dar obediencia a alguien' (proskuneo). La adoración comúnmente lleva consigo, la *devoción*, el *honor* y la *alabanza* a Dios. Nuestro estilo de vida debe estar regido por los preceptos de Dios.

Podemos decir que nuestra alabanza a Dios es genuina y sincera cuando llevamos una vida de adoración que respalda lo que decimos o cantamos de Dios.

Agradecimiento

Con mucho cariño, admiración y agradecimiento a todas las personas que han invertido tiempo en mi vida. Gracias a Dios por sus vidas y por cruzar nuestros caminos.

A mis padres por estar siempre al pendiente de mi vida espiritual, por haber gastado tanto tiempo enseñándome a amar a Dios.

A mis hermanos por apoyarme siempre en el servicio a Dios.

Por el apoyo incondicional de mi esposa, "Gracias por tu corazón para servir a Dios".

A todos los músicos con los que he participado, son una bendición.

¡Toda la gloria sea para nuestro Dios!

Calle 10 de Mayo #10,
Colonia 1º de Mayo,
Guadalajara, Jal. Mexico. C.P. 44970.

www.ingramcontent.com/pod-product-compliance
Lightning Source LLC
Chambersburg PA
CBHW071234130726
47998CB00003B/949